MAO ZEDONG

Fondateur de la République populaire de Chine

Par Renaud Juste
Sous la direction d'Aurélie Le Floch

50MINUTES.fr

50MINUTES.fr

DEVENEZ INCOLLABLE
EN HISTOIRE !

Neil **Armstrong**

Le **Titanic**

George **Washington**

Christophe **Colomb**

Jacques **Cartier**

MAO ZEDONG, FONDATEUR DE LA RÉPUBLIQUE POPULAIRE DE CHINE

- **Naissance ?** Le 26 décembre 1893 à Shaoshan (province du Hunan en Chine).
- **Mort ?** Le 9 septembre 1976 à Pékin.
- **Faits marquants ?**
  - Participation à la Longue Marche (1934-1935)
  - Fondation de la République populaire de Chine (1949)
  - Théorisation du maoïsme
  - Politique du Grand Bond en avant (1958-1961) et grande famine
  - Révolution culturelle (1966-1969)

Personnalité controversée, Mao Zedong est l'un des dirigeants politiques les plus importants du XXe siècle. Vénéré comme un dieu en Chine où son image se retrouve partout, Mao a pourtant du sang sur les mains : on considère que près de 70 millions de Chinois seraient morts à la suite de sa politique.

À l'origine, rien ne semble présager que ce jeune Chinois, fils de paysans, devienne l'un des ténors du communisme mondial et le dirigeant autoritaire d'une Chine alors entre les mains de la famille impériale. La première partie de la vie de Mao est éprouvée par des événements comme la Longue Marche, durant laquelle les communistes parcourent 12 000 kilomètres pour échapper à l'armée nationaliste de Tchang Kaï-chek. Après de multiples rebondissements et trahisons, Mao Zedong proclame la République populaire de

Chine en 1949, mettant fin à plus de 20 ans de guerre civile. Il impulse le Grand Bond en avant, censé faire de la Chine une puissance mondiale. Il lance la Révolution culturelle qui entraîne la mort de trois millions de Chinois. Malgré tout, il reste le numéro un du régime jusqu'à sa mort en 1976.

Certains n'hésitent pas, aujourd'hui, à ranger le dictateur communiste parmi les plus grands tueurs de masse du XXe siècle.

BIOGRAPHIE

Portrait officiel de Mao, attribué à Zhang Zhenshi (1914-1992).

UNE FILIATION PAYSANNE NON REVENDIQUÉE

Mao Zedong naît le 26 décembre 1893 à Shaoshan dans la province du Hunan, une région agricole isolée. Il est le troisième fils d'une famille de paysans aisés, mais le premier à passer le cap de la petite enfance. Très proche de sa mère, fervente croyante, il pratique le culte bouddhiste avant de s'en détacher à l'adolescence. En revanche, Mao n'entretient pas de très bons contacts avec son père.

LE SAVIEZ-VOUS ?

Il existe plusieurs transcriptions pour désigner le dirigeant chinois : Mao Zedong, Mao Tsé-toung, Mao Tsé-tung ou encore Mao Tsé-tong.

« Mao » constitue son nom de famille, tandis que « Zedong » est le prénom. *Ze* est un prénom communément donné à toute la génération de Mao signifiant « briller sur » ; quant à *Dong*, il signifie « l'est ». Dès lors, le prénom de Mao signifie « Briller sur l'est ».

Ce type de prénom n'est pas rare chez les paysans chinois. Il témoigne de la volonté des parents de voir leur enfant réussir dans la vie. Les enfants reçoivent, en plus, un surnom affectueux. Celui de Mao est « le garçon de pierre » (*Shi san ya-zi*). Jusqu'à la fin de ses jours, Mao apprécie ce petit nom et continue de l'utiliser.

Comme tous les enfants de son âge, Mao suit un enseignement basé en grande partie sur les textes de Confucius (sage chinois, 551 av. J.-C.-479 av. J.-C.). Il se découvre une passion pour la lecture des classiques chinois qui ne le quittera jamais. En 1908, son père le marie à sa nièce. Mao a 14 ans, la mariée 18. Un an plus tard, celle-ci décède. Cette union précoce fait de Mao un opposant au mariage forcé.

Suite à la réforme scolaire entreprise par la dynastie mandchoue au début du XXe siècle, des écoles où s'enseignent notamment les connaissances occidentales ouvrent partout en Chine. Mao y accède : c'est pour lui une révélation, car ces établissements permettent aux jeunes d'échapper à leur destin de paysans. Plus tard, Mao affirmera s'être préoccupé dès sa jeunesse du sort des paysans ; pourtant, rien n'en témoigne.

MAO LE COMMUNISTE

En 1911, Mao poursuit ses études à Changsha au moment où le régime impérial, instauré en Chine depuis des millénaires, s'apprête à basculer. Il est très réceptif aux nouvelles idées et, comme nombre de ses camarades, n'hésite pas à couper sa natte, symbole de l'autorité impériale. Il rédige aussi plusieurs articles qui prouvent sa volonté politique de changement, et rejoint l'armée révolutionnaire pendant six mois.

En 1918, Mao a 24 ans. Il obtient son diplôme et se rend à Pékin pour devenir bibliothécaire. Il se marie en 1920 avec Yang Kaihui (1901-1930), la fille d'un de ses anciens professeurs.

Yang Kaihui en 1924.

Moins de six mois plus tard, Mao rentre dans le Hunan où il trouve un emploi de professeur d'histoire à mi-temps dans une école primaire. Peu soigné, il n'excelle pas dans ce métier. Parallèlement, il écrit pour différents journaux où il défend, notamment, la condition de la femme.

En juin 1920, à Pékin, Mao rencontre Chen Duxiu (1879-
1942), un intellectuel marxiste qui travaille à former le Parti
communiste chinois (PCC) sur ordre de Moscou. Fasciné par
ce personnage, Mao se rapproche du Parti et distribue sa
revue, *Nouvelle Jeunesse*, afin de gagner un peu d'argent. Par
la suite, il dirige une librairie communiste.

Lorsqu'une organisation est créée dans le Hunan, Mao en
prend la direction, devenant officiellement communiste.
Il considère en effet que la nouvelle doctrine peut aider à
réformer la Chine et le monde. Toutefois, présent lors de la
première réunion du PCC à Shanghai, le 23 juillet 1921, il ne
fait pas forte impression.

BON À SAVOIR

Fondé en 1919 par Moscou pour diffuser le communisme dans le monde entier, le Komintern lance un
programme secret en Chine. Ses agents parviennent
à convaincre Chen Duxiu de fonder le PCC. Bientôt,
ce dernier ne supporte plus de recevoir ses ordres de
l'étranger, mais il ne peut se passer du financement
de Moscou, ce qui contraint son parti à n'être qu'une
branche du Komintern.

Mao n'est pas très efficace comme chef provincial du Parti
communiste. Il intrigue pour se débarrasser de ses rivaux, ne
parvient pas à recruter beaucoup de membres et ne crée pas
de syndicats dans la région, contrairement aux directives
du PCC. Aussi, lorsque le pouvoir chinois en place veut se

débarrasser des syndicalistes du Hunan considérés comme dangereux, Mao est épargné. En revanche, il n'est pas convié au deuxième congrès du Parti (1922). Pour ne pas risquer de perdre sa place, il change alors d'attitude.

CHANGEMENT DE CAMP

Malgré sa position inconfortable vis-à-vis des dirigeants communistes, Mao bénéficie d'un hasard circonstanciel. En 1923, ces dirigeants sont en froid avec la Russie parce que celle-ci souhaite voir le PCC adhérer au Parti nationaliste, le Kuomintang, dirigé par Sun Yat-sen (1866-1925). En effet, Moscou veut renverser le pouvoir en place en Chine, en accord avec le Kuomintang, tout en implantant le PCC au sein du Parti nationaliste afin de garder le contrôle des opérations. Devant la tiédeur des responsables communistes chinois, Moscou s'intéresse à Mao qui soutient le projet. Dès lors, Mao est propulsé au quartier général du PCC, devenant adjoint de Chen Duxiu.

Au sein du Parti nationaliste, financé par Moscou, Mao fait preuve de zèle, déclenchant la colère de ses camarades communistes. En effet, bien que ces derniers aient accepté l'idée d'un front uni chinois imposé par Moscou, ils n'apprécient pas l'idéologie du Kuomintang. Fin 1924, le Parti communiste évince Mao du Comité central, doutant aussi de sa rigueur idéologique. Mao rentre dans le Hunan. Il a alors 31 ans.

La chance tourne à la mort de Sun Yat-sen, en 1925 : son successeur, Wang Ching-weï (1883-1944) est un ami de Mao. Dès lors, ce dernier s'empresse de créer des branches locales du Kuomintang au Hunan. Évincé du Parti communiste chinois, il tente sa chance auprès des nationalistes. Il rejoint Canton, siège du Kuomintang, et se voit confier par Wang des fonctions importantes. Nommé à la tête du Comité du mouvement paysan en 1926, Mao commence à s'intéresser à la question paysanne.

Au même moment, le Kuomintang se lance à la reconquête de la Chine en commençant par le Hunan, provoquant des troubles dans la province. Des paysans pauvres s'en prennent aux plus riches, des exactions sont commises. Mao ne lutte pas contre ces violences, considérant qu'il faut installer un climat de terreur dans les campagnes. Se rapprochant ainsi de la vision soviétique de la révolution sociale, il est réintégré au sein du PCC en 1927, sur ordre de Moscou, alors que des hommes comme Chen Duxiu militent pour la fin des atrocités.

Mao en 1927.

Le Kuomintang n'apprécie pas cette violence prônée par la Russie, d'autant que beaucoup de ses membres viennent du Hunan. De plus, il craint de se faire « aspirer » par le Parti communiste chinois. Devant cette situation, Tchang Kaï-chek (1887-1975), commandant en chef de l'armée nationaliste, ordonne de purger le parti de ses membres communistes. Des arrestations et des massacres sanglants ont lieu le 12 avril 1927 : c'est le Massacre de Shanghai.

Wang Ching-weï accepte de se soumettre à Tchang Kaï-chek et rompt avec les communistes. Tchang Kaï-chek devient alors président de la République de Chine, le 10 octobre 1928. Mao Zedong, mieux apprécié par le Kuomintang que par le PCC, fait pourtant le choix du communisme. En effet, il n'accepte pas la vision sociale du Kuomintang et considère qu'il a plus à gagner au sein du Parti communiste chinois soutenu par Moscou. Dès lors, pour échapper au massacre, il doit fuir.

CHUTE ET RETOUR EN GRÂCE

Partout dans le pays, les communistes lèvent des armées afin de préparer leur riposte. Mao se rend dans le Hunan. Là, afin de s'assurer une position au sein du Parti, il tente de lever une armée. En 1927, il convainc le Parti de lui donner des troupes en vue de provoquer un soulèvement de la population. En réalité, cette stratégie ne vise qu'à lui garantir des troupes : il sabote le soulèvement – pourtant entré dans l'Histoire comme le Soulèvement de la récolte d'automne – et se réfugie dans les montagnes du Jiangxi avec son armée.

LE SAVIEZ-VOUS ?

L'histoire officielle raconte que Mao a réellement lancé le légendaire Soulèvement de la récolte d'automne en 1927. Sa milice s'en serait prise aux propriétaires fonciers du Hunan et aurait établi un soviet (conseil d'ouvriers, paysans et soldats). Toutefois, l'armée de Mao aurait été vaincue par le Kuomintang. Mao Zedong aurait ensuite été arrêté mais serait parvenu à se libérer et à fuir, avec le reste de ses hommes, dans le Jiangxi.

Le Parti, apprenant la supercherie du soulèvement, décide de renvoyer Mao. Celui-ci cache la nouvelle à ses hommes en empêchant les représentants du PCC de rejoindre son campement. Il finit par accepter de démissionner, mais s'arrange pour continuer de diriger ses troupes, qui vivent du pillage et du banditisme. Se sachant impopulaire auprès des soldats, Mao intègre un membre anonyme du Parti au sein de chaque compagnie afin de pouvoir la contrôler, et élimine les officiers qui contestent son autorité.

Entre-temps, Mao s'est remarié pour la troisième fois en 1928, avec He Zizhen (1910-1984). En effet, Yang Kaihui, sa précédente épouse, a été arrêtée et condamnée à mort en 1930.

Mao et He Zizhen en 1937.

Bientôt, Mao est rejoint par Zhu De (1886-1976), dirigeant communiste en fuite avec sa propre armée : c'est la création de l'Armée rouge. Staline (1878-1953), qui montre de l'intérêt pour la Chine, voit en Mao un allié indispensable, parce qu'il a des hommes et règne sur un territoire. Revenu en grâce, ce dernier est officiellement nommé chef de l'Armée rouge.

En quittant la région devant une attaque imminente des nationalistes, Mao laisse un territoire dévasté. Ses habitants haïssent durablement les communistes, au point que les blessés laissés par Mao sont étripés et brûlés vifs par les populations locales.

LA RÉPUBLIQUE SOVIÉTIQUE CHINOISE DU JIANGXI

En 1930, Mao se rend au Jiangxi où se trouvent déjà des zones dirigées par les communistes. Il manœuvre pour prendre le contrôle de l'armée du Jiangxi et apparaître comme l'homme fort de la région. Soutenu par Moscou, il orchestre une vague de massacres et de tortures afin d'éliminer tous ses opposants. Une éphémère République soviétique chinoise du Jiangxi, couvrant 150 000 km^2 et rassemblant dix millions d'habitants, voit le jour le 7 novembre 1931. Mao en devient le président.

Malgré sa position importante, Mao ne fait toujours pas partie de la hiérarchie du Parti. Et lorsque Zhou Enlai (1898-1976), secrétaire du PCC, arrive au Jiangxi, c'est lui qui gouverne et organise un véritable État totalitaire, avec la création d'une police secrète communiste. Les conditions de vie sont telles que beaucoup de personnes se suicident, même parmi les communistes. Après trois ans d'existence de la République, les règlements de comptes, travaux forcés et répressions sanglantes ont causé plus de 700 000 victimes.

Néanmoins, l'Armée rouge compte près de 100 000 hommes et la République soviétique chinoise agace Tchang Kaï-chek, qui lance plusieurs campagnes pour y mettre fin.

Les quatre premières voient la victoire de l'Armée rouge menée par Mao, mais la cinquième est un désastre pour les communistes. En 1934, à la suite d'erreurs stratégiques, l'Armée rouge est presque encerclée par les troupes du Kuomintang : c'est la fin de la République soviétique chinoise.

Devant cette issue fatale, l'Armée rouge décide de fuir ; commence alors l'épisode de la Longue Marche. Sur 80 000 soldats, seuls 7 000 arrivent en vie au Shaanxi un an plus tard, en janvier 1935, après plus de 12 000 kilomètres à pied. L'objectif est alors de transférer le siège du Parti en Chine du Nord, à Yan'an. Lors de cet épisode, devenu légendaire, Mao acquiert enfin une position dominante au sein du PCC.

LA GUERRE SINO-JAPONAISE

Depuis 1931, les Japonais se sont installés en Mandchourie (dans le Nord de la Chine) et essayent d'empêcher une unification chinoise. Le Parti communiste entreprend de lutter contre cet envahisseur afin d'obtenir une légitimité nationale. Quant à Tchang Kaï-chek, il ne fait rien face au Japon, car il veut d'abord en finir avec les communistes.

Devant l'insistance de Staline, le PCC tente des négociations avec le Kuomintang pour mettre au point un second front uni contre le Japon. En 1937, après quelques réticences et devant l'arrogance manifeste du Japon, Tchang Kaï-chek n'a d'autre choix que d'accepter. Il suspend donc la chasse aux communistes pour s'associer avec eux. La guerre sino-japonaise commence en 1937 et s'achève en 1945 par la victoire de la Chine.

Durant ce conflit, le Japon, en détruisant les meilleures troupes du Kuomintang, a permis à l'Armée rouge de grignoter de plus en plus de territoires en Chine. Et, bien qu'alliés, le Kuomintang et l'Armée rouge restent adversaires. En outre, en 1945, Mao, parvenu à éliminer ses principaux opposants au sein du Parti, devient officiellement président du PCC. Il est désormais considéré comme un théoricien majeur au même titre que Marx (1818-1883), Engels (1820-1895), Lénine (1870-1924) ou encore Staline.

Suite à la capitulation japonaise, Mao et Tchang Kaï-chek essaient de s'entendre pour former un gouvernement de coalition. Mais, au fond, personne ne veut de cette entente... Les États-Unis ainsi que l'URSS essayent d'éviter la guerre civile et militent pour que les deux partis trouvent un accord. Toutefois, devant l'inévitable reprise des hostilités entre communistes et nationalistes, les États-Unis prennent le parti de Tchang Kaï-chek. Même Staline signe un « traité d'amitié et d'alliance » avec le Kuomintang, en échange de quoi il bénéficie de positions stratégiques en Mandchourie et à Port-Arthur.

À la sortie de la guerre, le Kuomintang est donc doté d'une armée encore importante, d'un armement perfectionné et de soutiens de poids. Les observateurs pensent ainsi que les communistes vont se faire écraser rapidement. Début 1947, le déclenchement des offensives armées entre communistes et nationalistes mettent clairement fin à l'espoir d'une entente. La guerre civile reprend officiellement mais, cette fois, l'Armée rouge est beaucoup plus fournie que durant les années trente.

LA RÉPUBLIQUE POPULAIRE DE CHINE

Mao parvient à gagner la sympathie des territoires dirigés par les communistes. À l'inverse, le Kuomintang commence à se faire détester par l'ensemble des couches sociales chinoises à cause de la corruption, de la tyrannie d'un parti prétendant amener la démocratie, de son incapacité à endiguer la crise économique et de son attitude douteuse envers les collaborateurs projaponais. De plus, l'armée nationaliste n'est pas efficace. Elle ne sait pas entretenir son matériel moderne, ses soldats meurent de faim et n'ont plus le moral alors que de l'autre côté, l'Armée rouge est composée de paysans motivés par une volonté de changement, respectant une discipline de fer, et bénéficie de la sympathie de la population.

Dans ce contexte, l'Armée rouge gagne de plus en plus de territoires au détriment du Kuomintang. En 1949, Tchang Kaï-chek doit démissionner et fuir les communistes qui paradent avec force à Pékin. Le 1er octobre 1949, Mao Zedong proclame la République populaire de Chine (RPC) sur la place Tian'anmen. Il en devient le président. C'est le triomphe absolu pour lui qui, pourtant, a connu un parcours compliqué et failli à de multiples reprises tomber dans les oubliettes de l'Histoire.

BON À SAVOIR

Après leur défaite face aux communistes en 1949,
Tchang Kaï-chek et le Kuomintang s'installent sur l'île
de Taïwan qui devient le siège de la République de
Chine. Même s'ils ne gouvernent que ce territoire, ils
considèrent que leur pays s'étend à la Chine entière.
Plus de deux millions de Chinois, fuyant les communistes, les rejoignent. Soutenu par les États-Unis, c'est
Taïwan qui siège à l'ONU, et non la RPC. En 1971, pour
marquer le rapprochement entre les États-Unis et la
Chine de Mao, celle-ci entre enfin à l'ONU et siège au
Conseil de sécurité à la place de Taïwan.

Une fois au pouvoir, les communistes mettent au point un
État fortement inspiré du modèle soviétique. Ils se basent
sur des organisations militaires et syndicales, sur des mouvements de femmes et de jeunes pour contrôler la société.
Ils mettent aussi la main sur les médias, l'enseignement et
l'économie.

Dès la proclamation de la RPC, des millions d'individus
suspectés d'être des « ennemis du peuple » sont arrêtés. La
Chine met en place une police redoutable chargée de cette
purge. Des jugements sommaires conduisent à l'exécution
de nombreuses personnes. D'autres sont envoyées dans des
camps de rééducation (*laogai*) dont le dernier empereur
mandchou Pou-Yi qui, libéré en 1959, deviendra jardinier.

Deux réformes sont mises en place par Mao. L'une assure
l'égalité juridique aux femmes et l'autre, la loi agraire, acte

la confiscation des terres des grands propriétaires et leur redistribution aux paysans pauvres. Cette redistribution s'accompagne d'un massacre de propriétaires terriens. Au total, dans les premières années de la RPC, trois à cinq millions de personnes trouvent la mort.

En 1950, l'URSS signe avec la Chine un traité d'amitié, d'alliance et d'assistance mutuelle, qui entre en vigueur pour trente ans. Mais la relation entre les deux puissances communistes se détériore au cours des années, au point que la Chine, d'abord « élève » de l'URSS, prend ses distances pour démontrer sa supériorité. En 1964, la rupture sera consommée entre les deux pays, en désaccord idéologique et en conflit sur la question de leurs frontières respectives.

Pour moderniser la Chine et démontrer l'efficacité de son système de pensée, Mao, surnommé « le Grand Timonier », lance en 1958 le Grand Bond en avant. L'objectif de cette politique est d'industrialiser la Chine et d'accentuer la collectivisation de l'agriculture. De grands travaux sont entrepris pour construire des champs à rendement stable, des barrages, des canaux ou encore des hauts-fourneaux.

Mais les paysans réquisitionnés pour ces travaux ne sont pas rémunérés et ne peuvent plus s'occuper de leurs champs respectifs. Les récoltes pourrissent, et des conditions climatiques difficiles aggravent la situation : c'est la famine. Mao ne modifie pas pour autant sa politique, prêt à sacrifier les campagnes pour démontrer l'efficacité de son système. Entre 1959 et 1961, 15 à 30 millions de paysans meurent de faim.

LA QUESTION TIBÉTAINE

Dès 1720, le Tibet devient un protectorat chinois. Lors de la chute de la dynastie mandchoue, en 1911, le Dalaï Lama, à la tête du Tibet, se considère libéré de tout lien vassalique et proclame l'indépendance du Tibet.

En 1950, après la proclamation de la République populaire de Chine, Mao envoie une troupe au Tibet qui écrase la petite armée présente. Le Tibet retourne sous souveraineté chinoise tout en restant dirigé par le Dalaï Lama. Les relations se dégradent peu à peu. En 1959, devant la crainte d'un enlèvement du Dalaï Lama par la Chine, des manifestations ont lieu au Tibet. La répression sanglante qui s'ensuit pousse le Dalaï Lama, son gouvernement et 100 000 Tibétains à l'exil.

À LA RECONQUÊTE D'UN POUVOIR TOTAL

Devant l'échec de sa politique, Mao démissionne tout de même de la présidence en 1959. Remplacé par Liu Shaoqi (1898-1969), il reste président du Parti communiste chinois. Désormais, il est tenu à l'écart des décisions économiques qui deviennent l'apanage de dirigeants plus modérés, comme Liu Shaoqi et Deng Xiaoping (1904-1997).

Liu Shaoqi.

En 1961, ces derniers arrêtent le Grand Bond en avant et prennent des mesures pour réguler la situation. Une opposition voit alors le jour au sein même du Parti communiste. D'une part, le camp de Mao prône l'idéologie socialiste « pure » comme première valeur ; d'autre part, le camp de Shaoqi mise avant tout sur l'économie et la production.

Bien que mis en difficulté, Mao possède toujours les pleins pouvoirs en tant que dirigeant du Parti communiste, et il ne supporte pas l'idée de les partager. Il veut aussi être sûr que son idéologie lui succédera. Grâce à la reprise économique, il entend reprendre l'ascendant en Chine. Alors que les dirigeants influents du Parti – dont le président Liu Shaoqi et Deng Xiaoping – se montrent sévères envers les petits cadres suite à la catastrophe du Grand Bond en avant, Mao gagne leur sympathie en déclarant les cadres centraux responsables de l'échec.

Le Grand Timonier lance l'appel à la Révolution culturelle en 1964. Selon lui, il faut mettre fin à la culture ancienne et prôner des créations artistiques qui exaltent des héros positifs, issus des classes révolutionnaires. La même année, on publie le célèbre *Petit Livre rouge* des citations de Mao, bientôt distribué dans tous les foyers.

En mai 1966, le président du PCC, qui peut compter sur l'armée dirigée par son fidèle Lin Biao (1907-1971) et sur la jeunesse, lance la Révolution culturelle afin de raffermir son pouvoir. L'objectif est de purger le Parti de ses membres révisionnistes, c'est-à-dire de ceux allant à l'encontre de l'idéologie communiste « pure ». Mao s'appuie sur les gardes rouges, de jeunes Chinois fanatisés qu'il manipule et qui deviennent le fer de lance de sa révolution.

Lin Biao.

Les cadres du Parti, les intellectuels et, de manière générale, les élites, sont humiliés en public et parfois assassinés. On estime que des centaines de milliers de personnes périssent alors. Liu Shaoqi lui-même, chassé du Parti en 1967, doit quitter la présidence en 1968 et est emprisonné. Il meurt en 1969 en prison, suite à de mauvais traitements.

En avril 1969, Mao, parvenu à ses fins – le président évincé et le poste restant vacant, il est désormais seul maître de la République –, met un terme à la Révolution culturelle en faisant appel à l'armée, car les gardes rouges sont devenus incontrôlables.

La fin de vie de Mao est marquée par des luttes de pouvoir tandis que la Chine peine à se relever. Mao désigne Lin Biao comme son successeur à la tête du PCC, ce qui montre que l'armée est devenue la pierre angulaire du Parti.

Le 29 février 1972, le monde est stupéfait : Richard Nixon, président des États-Unis, se rend en Chine, invité par le Grand Timonier. C'est le début de la détente entre les deux pays. Mao veut en effet se rapprocher des États-Unis afin de s'assurer un allié face à l'URSS, qui devient plus menaçante aux frontières.

Mao et Nixon en février 1972.

Pour garder un pouvoir total, Mao, habilement, parvient
à laisser vacante la présidence de la République, alors que
Lin Biao aurait pu l'occuper. Il isole ce dernier pour éviter
qu'il ne revendique le poste. Selon la version officielle, Lin
Biao, se sentant menacé, s'enfuit alors avec sa famille vers
l'URSS et meurt lorsque son avion s'écrase en Mongolie le
12 septembre 1971. Une autre version avance que Lin Biao
a été assassiné sur ordre de Mao afin de contrer définitive-
ment la menace qu'il pouvait représenter. La mort de Lin
Biao arrange à la fois le Grand Timonier et les membres plus
modérés du Parti, qui redoutaient de voir un radical accéder
au pouvoir.

LE SAVIEZ-VOUS ?

Selon Mao et son entourage, Lin Biao aurait fomenté un complot afin de l'assassiner et de prendre sa place. Toutefois, cette information relève là encore d'une thèse officielle. Certains historiens considèrent que Mao aurait pu inventer lui-même cette tentative d'assassinat, afin de diaboliser Lin Biao et de l'éliminer plus facilement.

Le 9 septembre 1976, Mao Zedong décède. Il souffrait depuis trois ans de la maladie de Charcot, une maladie neurodégénérative entraînant une faiblesse musculaire puis une paralysie. Avec lui, c'est une page entière de l'histoire de la Chine qui se tourne. Sa politique économique est un échec : il laisse en héritage un pays pauvre et sous-industrialisé. Ses successeurs tourneront le dos au maoïsme et Deng Xiaoping mènera la Chine vers la réussite économique tout en laissant en place le régime autoritaire.

CONTEXTE

LA FIN D'UN EMPIRE MILLÉNAIRE

La Chine est l'un des rares pays qui, bien que ses frontières aient évolué avec le temps, peut se targuer d'une stabilité identitaire de plus de 5 000 ans. Ainsi, la mythologie chinoise fait remonter la naissance du premier royaume chinois au troisième millénaire avant Jésus-Christ. De nombreuses dynasties d'empereurs se sont succédé au cours du temps. La dernière, celle des Qing (1644-1911), offre à la Chine un âge d'or au XVIIIᵉ siècle.

Le XIXᵉ siècle voit la puissance de la Chine et de ses empereurs fondre comme neige au soleil. Les Européens forcent peu à peu l'Empire à s'ouvrir aux échanges commerciaux, notamment suite aux deux guerres de l'Opium remportées par l'Europe en 1840 et 1860. Ces défaites sont choquantes pour les Chinois, qui se considèrent supérieurs aux autres peuples. Les traités inégaux résultant des guerres permettent aux Européens d'obtenir des concessions en Chine, dont Hong Kong. En 1895, la défaite de la Chine face aux Japonais provoque un nouveau traumatisme, car la Chine a toujours considéré le Japon comme un pays sous-évolué.

Les Européens, présents sur les côtes, instaurent un capitalisme moderne dans lequel se retrouve une certaine catégorie d'entrepreneurs chinois, mais le pays reste globalement arriéré, surtout dans les campagnes. Devant l'incapacité des Qing à réorganiser la Chine et face aux défaites à répétition, la dynastie est renversée en 1911 par une révolution républicaine menée par Sun Yat-sen, un fils de paysan pauvre devenu médecin, et par Yuan Shikai (1859-1916), un officier militaire.

LA RÉPUBLIQUE DE NANKIN ET L'ÈRE DES SEIGNEURS DE LA GUERRE (1912-1928)

La République de Nankin est officiellement proclamée le 1er janvier 1912. Le nouveau régime souhaite propulser la Chine dans le monde moderne. Sun Yat-sen devient provisoirement président et fonde son parti politique, le Kuomintang. Toutefois, ne possédant aucune force militaire propre, Sun Yat-sen laisse le pouvoir à Yuan Shikai qui devient officiellement le premier président de la République de Chine, de 1913 à 1916. Celui-ci dirige le pays comme un dictateur et tente de se faire reconnaître comme empereur. Mais la nouvelle république manque de bases sociales et ne parvient pas à gérer un pays aussi immense que la Chine. La volonté de moderniser le pays se solde par un échec.

BON À SAVOIR

Après la Première Guerre mondiale, la Chine, entrée en guerre aux côtés des Alliés, espère récupérer une partie de son territoire qui se trouve sous contrôle allemand. Mais le traité de Versailles (1919) donne ce territoire au Japon. En réaction, plus de 3 000 étudiants se rassemblent sur la place Tian'anmen à Pékin : c'est le Mouvement du 4 mai. Les protestataires dénoncent la présence japonaise en Chine. Des idées nouvelles et progressistes se diffusent parmi eux, dénonçant l'archaïsme de la Chine et de ses traditions.

Ce mouvement pousse le gouvernement chinois à ne pas ratifier le traité de Versailles. Cette décision, sans effet sur les Occidentaux et les Japonais, fait émerger une conscience patriotique. En 1921, plusieurs personnalités du Mouvement formeront le Parti communiste chinois.

À la mort de Yuan Shikai, la Chine sombre dans le chaos. Le pouvoir est détenu par les seigneurs de la guerre, des militaires qui, à la tête d'une petite armée, gouvernent certains territoires chinois. Sun Yat-sen tente de se réinstaller à la tête du pays. Il s'établit à Canton et, bien que ne partageant pas l'idéologie communiste, s'allie avec l'URSS et le PCC en 1924. En 1925, à sa mort, un personnage sort de l'ombre : Tchang Kaï-chek. Fort de son armée, il lance l'offensive pour reconquérir le Nord de la Chine, alors aux mains des seigneurs de la guerre. Profitant de cette reconquête, les communistes, alliés au Kuomintang, mettent la main sur certaines régions. Inquiet, Tchang Kaï-chek se retourne contre ses alliés communistes en 1927 et coupe les liens avec l'URSS.

Le 4 juin 1928, Tchang Kaï-chek entre à Pékin et met provisoirement fin aux guerres civiles. La Chine semble réunifiée et pacifiée. Il lance des réformes afin de moderniser le pays tout en préservant les traditions nationales, mais la crise économique de 1929 entrave son action et il ne parvient pas à résoudre la question sociale. Au niveau diplomatique, le

chef du Kuomintang met fin aux traités inégaux, permettant à la Chine de relever la tête dans le concert des nations.

TEMPS FORTS

LA LONGUE MARCHE (1934-1935)

Les communistes se sont installés dans le Jiangxi où ils ont établi une République soviétique dont le président n'est autre que Mao (même si le dirigeant effectif de cette république est le président du PCC). Cette situation agace Tchang Kaï-chek, chef de l'armée du Kuomintang, qui veut détruire les communistes. Il mène plusieurs campagnes pour mettre fin à la République soviétique chinoise. Les quatre premières voient la victoire des communistes, mais la cinquième est une réussite.

Tchang Kaï-chek encercle ses adversaires mais ne les élimine pas. Il souhaite les faire fuir dans les territoires encore sous contrôle des seigneurs de la guerre. Ces provinces, autour du Jiangxi, sont presque indépendantes du gouvernement central. Elles ont leurs propres armées et ne payent pratiquement pas d'impôts. Tchang voudrait y établir ses soldats afin de pouvoir contrôler l'ensemble de la Chine ; mais il sait que s'il le fait, une guerre éclatera.

Dès lors, son plan est de laisser fuir les communistes pour que les provinces indépendantes, terrorisées, laissent entrer aussi sur leurs terres l'armée du Kuomintang. De plus, le fils de Tchang est détenu en otage en Russie et son père veut s'attirer les bonnes grâces de l'URSS en laissant filer les communistes. Pendant longtemps, cette vérité sur la Longue Marche a été tue par les partisans du Kuomintang qui la trouvaient assez perfide, comme par les communistes qui voulaient perpétuer la légende de cet événement.

Pour les communistes, c'est une tragédie qui se joue. Ils sont 80 000 à quitter le Jiangxi ; ils ne seront plus que 7 000 à l'arrivée en Chine du Nord où se trouve un bastion communiste, à Yan'an. Ils auront parcouru plus de 12 000 kilomètres.

Lors de cet épisode quasi mythique, Mao Zedong obtient une position dominante au sein du PCC. En effet, il n'est pas responsable de la défaite communiste dans le Jiangxi et, à côté des principaux dirigeants du Parti qui le sont, il apparaît comme un recours possible. De plus, il parvient à éliminer un par un ses opposants.

En janvier 1935, Mao est donc au summum du pouvoir communiste chinois. Le sort va aussi jouer en sa faveur : dans leur fuite, ses troupes sont rejointes par des armées communistes plus nombreuses, celles de Zhang Guoto (1897-1979). Alors que ce dernier bénéficiait d'un pouvoir plus important et aurait pu faire de l'ombre à Mao, il décide de ne pas suivre Mao et de prendre un autre itinéraire. Il se fait détruire par un seigneur de la guerre. Dès lors, Mao n'a plus de rival.

LE GRAND BOND EN AVANT (1958-1961)

Mao veut à tout prix moderniser la Chine et la pousser à s'industrialiser rapidement : l'un des slogans du Grand Bond en avant est d'ailleurs « Rattraper la Grande-Bretagne ». Le dirigeant chinois souhaite aussi se baser sur la classe paysanne pour démontrer toute la puissance du communisme chinois face au communisme soviétique, avec lequel il commence à prendre ses distances. Mao prétend pouvoir relever son pays en quelques années seulement. Ce pari irréaliste aura des conséquences terribles, en particulier pour la population paysanne.

BON À SAVOIR

En 1957, certains membres du Parti communiste sont mécontents et la population vit assez mal l'autoritarisme du PCC comme les échecs des relances économiques Dans ce contexte, Mao lance la campagne dite des « Cent Fleurs ». Il s'agit de rapprocher les communistes du peuple chinois, notamment en permettant à la population – et en particulier aux intellectuels – de s'exprimer librement sur le Parti. L'objectif de Mao est de redonner de la légitimité à son pouvoir.

Au même moment, en URSS, la déstalinisation est lancée et Mao craint la contagion de cette politique. Il espère donc que le peuple soutiendra ses thèses. Or, ce vent de liberté insufflé par Mao va se muer en véritable contestation de la part des intellectuels, qui critiquent l'autoritarisme et l'inefficacité du régime.

Le Parti prend peur et répond alors par la répression. Des centaines de milliers d'individus, surtout des enseignants, en sont victimes. Beaucoup sont envoyés dans des camps de travail. Au final, les Cent Fleurs ont permis à Mao, volontairement ou non, de faire sortir le loup du bois et de le museler pendant de longues années...

Le Grand Timonier met d'abord au point les communes populaires, en collectivisant les unités de production agricole ainsi que les centres de production industrielle. Le principe est simple : les communes comptent environ 5 000 familles et sont scindées en une dizaine de coopératives, elles-mêmes divisées en équipes.

En 1958, le Grand Bond en avant est lancé. Des millions de paysans doivent quitter leurs champs pour réaliser des travaux multiples et non rétribués, sous la direction de cadres citadins le plus souvent incompétents. Ces paysans ont, aux yeux de Mao, une qualité certaine : leur fidélité au communisme. En effet, depuis les Cents Fleurs, le dirigeant se méfie des intellectuels et des experts.

On généralise les communes populaires, placées sous la direction du Parti. Des écoles, des centres médicaux, des crèches et des cantines sont créés. Ils permettent aux paysannes de ne plus s'occuper des tâches domestiques et, ainsi, de participer aux travaux comme les hommes. Les lopins de terre privés sont supprimés, parfois les outils sont mis en commun. Cette volonté d'égalité complète entre les paysans désorganise les zones de culture. En 1958, le Comité central du Parti demande aux cadres ruraux d'autoriser les paysans à se reposer six heures par jour, ce qui démontre la pénibilité des conditions de travail.

Les dégâts de la collectivisation se font bientôt sentir. En 1958, la récolte est bonne, mais les cadres grossissent les chiffres afin de plaire au régime et d'être récompensés. L'année suivante, la récolte est moindre, mais toujours gonflée par les cadres. Mao exige de plus en plus de céréales de la part des campagnes, si bien que dans certaines communes, l'ensemble de la production est envoyée vers la ville. Les paysans, passant tout leur temps à travailler pour le Parti, ne peuvent plus s'occuper des champs. Le climat se détériore et les récoltes pourrissent : c'est le désastre. Une famine sans précédent s'abat sur les campagnes. On estime qu'entre 1959 et 1961, 15 à 30 millions de paysans sont morts de faim. Le cannibalisme s'est même développé dans certaines régions.

Dès 1959, devant le désastre, Mao décide de démissionner de la présidence de la Chine tout en restant à la tête du Parti. C'est Liu Shaoqi qui obtient la présidence. Il va prendre, en collaboration avec Deng Xiaoping, des mesures pour stopper la collectivisation en redistribuant les terres aux paysans. En 1962, l'achat de céréales au Canada et à l'Australie permet de mettre fin à la famine. Étant donné l'ampleur de la catastrophe, Mao est mis en difficulté dans son propre parti, mais il bénéficie encore d'un pouvoir très important.

Dès 1960, à cause de la catastrophe du Grand Bond en avant et de divergences de point de vue de plus en plus importantes, l'URSS rappelle tous ses conseillers présents en Chine. Cela accentue la distance entre les deux pays.

LA RÉVOLUTION CULTURELLE (MAI 1966-AVRIL 1969)

Mao élabore sa théorie de l'échec du Grand Bond en avant en accusant les cadres supérieurs de l'avoir saboté. Il les accuse même de vouloir revenir au capitalisme. Ainsi, il se protège et bénéficie du soutien des petits cadres qui se sentent déculpabilisés.

Ne supportant pas de ne pas posséder le pouvoir absolu, Mao met au point une stratégie afin de redevenir tout puissant en Chine. C'est grâce au domaine de la culture que Mao va arriver à ses fins.

Dès 1964, le Grand Timonier appelle à la Révolution culturelle. Selon lui, il faut mettre à mal toute la culture ancienne de la Chine, qui constitue une idéologie féodale ayant pour conséquence la bureaucratisation des cadres, ceux-ci se transformant alors en oppresseurs. Dès juillet 1964, la réforme commence à l'opéra de Pékin. On cesse de jouer le répertoire traditionnel qui mettait en scène empereurs, mandarins et dieux, au profit de pièces faisant intervenir des héros issus des classes révolutionnaires, guidés par la pensée de Mao.

Mao s'appuie sur l'armée, dirigée par son fidèle Lin Biao, et sur les fameux gardes rouges, des étudiants fanatisés et manipulés par Mao. L'idée de Mao est de donner à la jeunesse son expérience révolutionnaire en la poussant à critiquer les cadres accusés de se diriger vers la restauration du capitalisme. L'objectif, derrière cette révolution, est que les gardes rouges éliminent tous les opposants à la vision de Mao, ce qu'ils feront sans se rendre compte de la manipulation.

Les gardes rouges commencent à critiquer les autorités académiques qu'ils considèrent comme une nouvelle bourgeoisie. Plus de 11 millions de gardes vont ainsi perquisitionner, interroger, arrêter, humilier, torturer voire tuer toutes les personnes accusées de trahir la révolution et l'idéologie maoïste. Le Grand Timonier ordonne à l'armée et à la police de ne pas intervenir. Il estime en effet que les jeunes gardes rouges doivent faire des erreurs et les rectifier d'eux-mêmes.

Dès 1968, devant l'ampleur du phénomène et le risque de voir le pays sombrer dans le chaos, des comités révolutionnaires se mettent en place avec l'objectif de rétablir l'ordre. Des guerres civiles éclatent, les gardes rouges refusant de cesser leurs révolutions. Mao demande alors à l'armée d'intervenir. Peu à peu le mouvement des gardes rouges prend fin et ceux-ci sont envoyés dans les campagnes afin d'être rééduqués.

Lors de la Révolution culturelle, Liu Shaoqi, le président et principal rival de Mao, est chassé du Parti et arrêté (1968). Il meurt en prison en 1969. Deng Xiaoping, lui, doit quitter son poste et retourner dans sa campagne natale. Mao a gagné : il a éliminé ses opposants et retrouvé les pleins pouvoirs. En avril 1969, il met fin à la Révolution culturelle.

LE MAOÏSME

Le maoïsme est le nom donné à l'idéologie élaborée par Mao. Elle trouve ses origines dans les années 1920-1930, mais c'est durant les années 1960 qu'elle est complètement théorisée, notamment à travers le *Petit Livre rouge*. Elle trouve ses fondements dans les grandes pensées communistes de Marx, Engels, Lénine et Staline, mêlant ces théories avec la pensée, l'histoire et la culture chinoises. Mao cherche ainsi à adapter le marxisme aux pays en voie de développement.

La stratégie du dirigeant consiste à s'appuyer sur les paysans et non sur les ouvriers, comme le préconise Marx. Il faut s'implanter dans les campagnes, loin des villes, afin d'y ériger des foyers révolutionnaires solides. Il faut aussi établir une armée forte qui permette de garantir l'indépendance nationale, notamment par rapport au Japon, et qui donne confiance aux paysans. Enfin, il s'agit de mener une longue lutte contre le capitalisme qui devrait s'étendre à l'ensemble de la Chine.

Pour le maoïsme, les traditions (notamment le confucianisme) et l'impérialisme occidental sont un frein à l'épanouissement des masses et à la prospérité en Chine. Cette pensée est partagée par nombre d'intellectuels chinois du début du XXe siècle. Après la déstalinisation et la rupture des relations sino-soviétiques, Mao s'enfonce encore plus dans l'application d'une idéologie staliniste stricte en accentuant l'importance du Parti et le culte de la personnalité.

Une fois les communistes au pouvoir, le maoïsme se développe en trois points.

- Premièrement, la réforme agraire (redistribution des terres des riches propriétaires aux plus pauvres) commence dès 1946. Au milieu des années 1950, les petits paysans, bénéficiant désormais de lopins de terre, doivent se regrouper au sein de communes populaires, car Mao met en avant l'égalitarisme et la collectivisation des moyens de production.
- Deuxièmement, le maoïsme essaye de faire de la Chine une puissance industrielle dans un temps assez court, avec le Grand Bond en avant qui cause la mort de millions

de paysans.

- Enfin, il y a la lutte contre les individus jugés contre-révolutionnaires et le rejet des arts anciens, dont le paroxysme est la Révolution culturelle.

Après la mort de Mao, le maoïsme sera adapté, notamment au niveau économique. Les nouveaux dirigeants communistes tourneront le dos aux conceptions du Grand Timonier afin d'engager la Chine vers la réussite économique. Toutefois, l'influence du maoïsme se fait toujours sentir en Chine.

RÉPERCUSSIONS

On estime que le maoïsme a fait 60 à 80 millions de victimes, principalement liées à la famine durant le Grand Bond en avant, aux purges et aux camps de travail. Toutefois, Mao a permis de mettre fin aux guerres civiles qui déchiraient la Chine et a lancé une réforme visant à l'égalité des hommes et des femmes. Il a également contribué à la création d'écoles et d'un système de soins de santé gratuits.

Mao a instauré un régime communiste toujours debout aujourd'hui, même s'il ne reste du maoïsme que la dictature du Parti. En effet, les principaux opposants aux politiques économiques de Mao durant son existence ont accédé aux pouvoirs en Chine après son décès, avec pour conséquence le retour au capitalisme tant redouté par le Grand Timonier.

L'idéologie de Mao a gagné l'Occident et le monde durant les années 1970. En effet, après les déboires du stalinisme en URSS, des intellectuels occidentaux ainsi que des partis communistes se sont réorientés vers le maoïsme qui semblait alors une bonne alternative. En Europe, toutefois, peu de partis communistes se sont ralliés à l'idéologie chinoise. Seul le PC belge, en 1963, a basculé dans la mouvance maoïste jusqu'en 1966, date à laquelle il s'en éloigne pour protester contre la Révolution culturelle.

De grands intellectuels occidentaux, comme l'écrivain français Jean-Paul Sartre (1905-1980), sont ouvertement maoïstes. Le *Petit Livre rouge* connaît un succès important en Europe dans les milieux de gauche, qui voient en Mao la solution idéale pour sortir du communisme stalinien. Le sinologue belge Simon Leys (Pierre Ryckmans de son vrai nom, 1935-2014), dans son célèbre livre *Les Habits neufs du président Mao* (1971), est l'un des rares Occidentaux à critiquer alors le maoïsme et sa Révolution culturelle.

Au Japon, dans les années 1970, un groupe se revendiquant de Mao voit le jour, l'Armée rouge japonaise, mais il ne parviendra pas à s'imposer. Au Pérou également, un parti communiste se réclamant du maoïsme est créé. Au XXIe siècle, des groupes communistes se revendiquent toujours de Mao, par exemple au Népal. On peut citer aussi le Parti communiste révolutionnaire des États-Unis ou encore le PTB en Belgique, qui est l'un des derniers pays européens à conserver des mouvements maoïstes.

EN RÉSUMÉ

1893
26 décembre : Naissance de Mao Zedong

1921
1er juillet : Fondation du Parti communiste chinois.
Mao est un membre mineur

Octobre 1934-*octobre* 1935
**Longue Marche et prise de pouvoir de Mao
au sein du PCC**

1945
23 avril : **Mao est officiellement dirigeant du PCC**

1949
1er octobre : **Proclamation de la République
populaire de Chine (RPC)**

1958
Début de la politique du Grand Bond en avant

1961
Fin du Grand Bond en avant

1966
Mai : **Lancement de la Révolution culturelle**

1969
Avril : Fin de la Révolution culturelle

1976
9 septembre : Mort de Mao Zedong

Mao Zedong © 50MINUTES.fr

- Mao Zedong, fils de paysan aisé, rejoint le Parti communiste chinois en 1921. Il n'en est alors qu'un membre mineur.
- Grâce à la volonté de l'URSS de voir le PCC se rapprocher du Kuomintang, Mao, qui accepte l'idée, monte en grade. Toutefois, le Kuomintang finit par rejeter et persécuter les communistes. Mao s'enfuit.
- Le Kuomintang veut exterminer les communistes et parvient à les déloger en 1934 du Jiangxi où ils se sont établis. C'est le début de la Longue Marche, lors de laquelle Mao gagne du pouvoir en éliminant ses opposants au sein du parti.
- Contraint de faire alliance avec les communistes devant la menace japonaise, le Kuomintang cesse sa campagne d'extermination en 1937. Mao devient officiellement dirigeant du Parti communiste chinois en 1943.
- Après la défaite du Japon en 1945, la guerre reprend entre le PCC et le Kuomintang mais cette fois, les communistes gagnent. Le 1er octobre 1949, Mao proclame la République populaire de Chine dont il devient président.
- Mao lance plusieurs réformes visant à développer le pays et à assurer la dictature du Parti. Des milliers de personnes décèdent suite aux purges qu'il orchestre. Il crée des camps de travail (*laogai*) afin de rééduquer les « ennemis du peuple ».
- En 1958, il lance le Grand Bond en avant, censé amener la Chine dans la modernité, mais qui cause la mort de 15 à 30 millions de paysans.
- Mis à l'écart des décisions économiques, Mao prépare sa revanche. En 1966, il lance la Révolution culturelle qui doit lui permettre de retrouver les pleins pouvoirs.

- En 1969, il est de nouveau le maître tout-puissant de la
  Chine. Il le reste jusqu'en 1976, année de son décès.

Votre avis nous intéresse !
Laissez un commentaire sur le site de votre librairie en ligne
et partagez vos coups de cœur sur les réseaux sociaux !

POUR ALLER PLUS LOIN

SOURCES BIBLIOGRAPHIQUES

- BERGÈRE (Marie-Claire), BIANCO (Lucien) et DOMES (Jürgen), *La Chine au XXe siècle*, Paris, Fayard, 1990.
- BEAUD (Michel), *Le socialisme à l'épreuve de l'histoire. 1800-1981*, Paris, Seuil, 1982.
- BIANCO (Lucien), « Essai de définition du maoïsme », in *Annales. Économies. Sociétés. Civilisations*, Paris, Éditions de l'EHESS, 1979, n° 34/5, p. 1094-1108.
- CHANG (Jung) et HALLIDAY (Jon), *Mao. L'histoire inconnue*, Paris, Gallimard, 2006.
- CHEVRIER (Yves), « La résistible ascension de Mao », in *Vingtième Siècle. Revue d'histoire*, Paris, Presses de Sciences Po, 1987, n° 13, p. 3-22.
- COURTOIS (Stéphane) *et alii, Le livre noir du communisme. Crimes, terreur, répression*, Paris, Robert Laffont, 1997.
- FAIRBANK (John King), *La grande révolution chinoise. 1800-1989*, Paris, Flammarion, 1989.
- LEYS (Simon), *Essais sur la Chine*, Paris, Robert Laffont, 1998.
- LEW (Roland), *1949. Mao prend le pouvoir*, Bruxelles, Éditions Complexe, 1980.
- ROUX (Alain), *La Chine au XXe siècle*, Paris, Armand Colin, 2006.
- SHORT (Philip), *Mao Tsé-Toung*, Paris, Fayard, 2005.
- VAUCLAIR (David), *Fondamentaux chinois. 100 fiches pour mieux comprendre l'Empire du Milieu*, Paris, Ellipses, 2008.

FILMS ET DOCUMENTAIRES

- *La grande famine de Mao*, documentaire de Patrick
  Cabouat et Philippe Grangerau, Belgique-France, 2011.
- *Mao, une histoire chinoise*, documentaire d'Adrian Maben
  et Philip Short, France, 2006.

ICONOGRAPHIE

- Portrait officiel de Mao, attribué à Zhang Zhenshi
  (1914–1992). La photo reproduite est réputée libre de
  droits.
- Yang Kaihui en 1924. La photo reproduite est réputée
  libre de droits.
- Mao en 1927. La photo reproduite est réputée libre de
  droits.
- Mao et He Zizhen en 1937. La photo reproduite est
  réputée libre de droits.
- Liu Shaoqi. La photo reproduite est réputée libre de
  droits.
- Lin Biao. La photo reproduite est réputée libre de droits.
- Mao et Nixon en février 1972. © U.S. National Archives
  and Records Administration

SOYEZ LÀ
OÙ ON NE VOUS ATTEND PAS !

www.50minutes.fr

L'éditeur veille à la fiabilité des informations publiées, lesquelles ne pourraient toutefois engager sa responsabilité.

© 50MINUTES, 2017. Tous droits réservés.
Pas de reproduction sans autorisation préalable.
50MINUTES est une marque déposée.

www.50minutes.fr

Éditeur responsable : Lemaitre Publishing
Avenue de la Couronne 382 | BE-1050 Bruxelles
Info@lemaitre-editions.com

ISBN ebook : 978-2-8062-6708-5
ISBN papier : 978-2-8062-6707-8
Dépôt légal : D/2017/12603/477
Photo de couverture : Mao Zedong vers 1963. La photo reproduite est réputée libre de droits.

Conception numérique : Primento,
le partenaire numérique des éditeurs.

Made in the USA
Monee, IL
07 July 2026